# L'AMITIÉ
## DES FEMMES.

# L'AMITIÉ DES FEMMES,

COMÉDIE EN UN ACTE ET EN VERS,

PAR

## M. J.-B.-P. Lafitte.

REPRÉSENTÉE, POUR LA PREMIÈRE FOIS, PAR LES COMÉDIENS
ORDINAIRES DU ROI,

**SUR LE THÉATRE-FRANÇAIS,**

LE 31 MAI 1831.

> Les hommes sont cause que les femmes ne s'aiment pas.
> (LABRUYÈRE. *Des Femmes.*)

## PARIS,

### R. RIGA,
FAUBOURG POISSONNIÈRE, N° 1;

BARBA, AU PALAIS-ROYAL.

1831

| PERSONNAGES. | ACTEURS. |
|---|---|
| AMÉLIE, jeune veuve. | M$^{me}$ Menjaud. |
| HORTENSE, jeune veuve. | M$^{lle}$ Rose Dupuis. |
| ROSE, orpheline | M$^{lle}$ Eulalie Dupuis. |
| HÉLÈNE, ancienne nourrice, maintenant au service des deux veuves | M$^{lle}$ Dupont. |
| MIRECOUR. | M. Menjaud. |
| FRÉMON, son ami | M. Perrier. |

DUBOIS, domestique de Frémon, personnage muet.

*La scène est dans une petite ville aux environs de Paris.*

Imprimerie de David,

BOULEVART POISSONNIÈRE, N. 4 *bis*.

# L'AMITIÉ DES FEMMES,

## COMÉDIE EN UN ACTE ET EN VERS.

Le théâtre représente un salon donnant sur un jardin ; une grande porte au milieu ; deux portes latérales, une à droite, l'autre à gauche ; ameublement élégant.

## SCÈNE PREMIÈRE.

FRÉMON, HÉLÈNE.
( Hélène d'abord, puis Frémon. )

HÉLÈNE.

A la port' du jardin il m'est avis qu'on sonne :
C'est venir ben matin !... je n'attendions personne.
(Voyant arriver Frémon par le jardin.)
Eh ! mais.. c'est un jeune homme !.. il a vraiment bon air !
(A Frémon.)
Que demande Mosieu ?

FRÉMON.

Moi ?... les dames Palmer.
C'est ici ?

HÉLÈNE, vivement, examinant Frémon.

Tiens !.. oui, c'est... c'est une chos' certaine...
Vous êt's Mosieu Frémon ?..

FRÉMON, étonné.

Oui.

HÉLÈNE, d'un air de connaissance.

Moi, je suis Hélène.

FRÉMON, la regardant attentivement.

C'est toi, nourrice ? Eh quoi ! tu t'es mise en maison ?
Ah ! je suis enchanté...

HÉLÈNE.

Queu bonne occasion!
(Lui prenant familièrement les mains.)
Vous êt's un' connaissanc' d' la ru' Sainte-Appolline!
(Avec finesse.)
C'est moi que j'ons nourri l'enfant de vot' cousine.

FRÉMON.

C'est juste, et depuis lors je n'ai pas entendu
Parler...

HÉLÈNE.

Et l' nourrisson?...

FRÉMON.

Il est très-bien venu.
Tu n'es donc plus nourrice?

HÉLÈNE, *poussant un gros soupir.*

Oh! ce n'est guèr' possible.
Faut avoir un mari pour être disponible.

FRÉMON.

Eh quoi! Jacque?..

HÉLÈNE.

Ah! Mosieu, le pauv' défunt est mort!
C'était un homm', c'lui-là! ça m' porte ben du tort!

FRÉMON.

Oui, sans doute, et pour toi c'est une triste épreuve.

HÉLÈNE.

Quand on aim' son état... c'est ben dur d'être veuve!

FRÉMON.

Tu te plaignais!

HÉLÈNE.

On a la mauvaise saison!
Mais tenez, on n'aurait qu'un enfant... d'occasion.
Ça vaut cent mill' fois mieux que d'êtr' dans le service.

FRÉMON.

Ta présence en ces lieux pourra m'être propice.

HÉLÈNE.

Volontiers...V's connaissez les deux dames Palmer,
Et v's v'nez pour les voir?

FRÉMON.
Ici je viens chercher
Un jeune homme.

HÉLÈNE, *faisant l'étonnée.*
Un jeune homm' !

FRÉMON.
Ah ! tu fais du mystère !
Tu te tairais en vain ; je suis instruit, ma chère :
Mirecour....

HÉLÈNE, *de même.*
Mirecour ?

FRÉMON.
Un jeune homme charmant.
D'ailleurs, je viens lui rendre un service important,
C'est mon ami.

HÉLÈNE.
Pour lors, avec vous on s'explique.
Il est dans not' jardin, tout seul ; il... botanique.
Alors faut-il aller vous le chercher ?

FRÉMON.
Vas-y.
(Hélène sort.)

## SCÈNE II.

FRÉMON, *seul.*

Ce pauvre Mirecour ne me croit pas ici.
Pour lui ma mission est assez délicate :
Un banquier n'est souvent qu'un mauvais diplomate ;
Mais il faut le tirer d'embarras à tout prix.

## SCÈNE III.

FRÉMON, MIRECOUR, HÉLÈNE.

MIRECOUR, *sautant au cou de Frémon.*
Je puis donc embrasser le meilleur des amis ;
Cher Frémon !

FRÉMON.

Mirecour !

HÉLÈNE.

Messieurs, si je vous gêne,
Je vais partir.

MIRECOUR.

C'est bien, laisse-nous, bonne Hélène.

(Hélène sort.)

## SCÈNE IV.

FRÉMON, MIRECOUR.

MIRECOUR.

Ah! je te vois enfin !... je suis seul avec toi ;
Causons.

FRÉMON.

J'ai grand désir de causer aussi, moi.
Ah ça ! mon cher, sais-tu qu'en toi tout est mystère :
Tu t'enfuis de Paris, un jour, pour te soustraire
Aux créanciers fâcheux, aux contraintes par corps,
Et ravir l'infortune aux griffes des recors ;
Chez mon associé, moi, je t'offre un asile ;
Sa maison de campagne est un séjour tranquille ;
Je t'y croyais toujours, à l'abri des huissiers,
Et je te trouve ici !

MIRECOUR.

Les maudits créanciers !
Sur la foi des traités, j'étais des plus paisibles :
Ils m'ont encor trouvé... ces gens sont insensibles !
Moi, j'ai fui lestement de jardin en jardin....

FRÉMON.

Jusqu'en cette maison.

MIRECOUR, *avec feu.*

Conduit par le destin.

FRÉMON, *le contrefaisant.*

Conduit par le destin ! quel style ! tu t'enflammes !
Ah ! fripon, la maison appartient à des dames.

MIRÉCOUR.

A deux veuves.

FRÉMON.

Qu'on dit être fort bien.

MIRECOUR.

D'accord :

FRÉMON.

Comment te reçut-on ?

MIRECOUR.

A mon premier abord,
L'une et l'autre hésitait, paraissait interdite ;
Mais, quand je leur contai le motif de ma fuite,
Je les vis s'attendrir et plaindre mon malheur.
Que te dirai-je enfin ? je sus toucher leur cœur,
Et des larmes bientôt m'en donnèrent des preuves.

FRÉMON, *déclamant.*

« *Ah! les jolis garçons ont des droits sur les veuves !* »
Je vois venir le reste, et tout s'arrangera.

MIRECOUR.

J'étais souffrant, mon cher ; de soins on m'entoura.
Qu'une femme aisément sait calmer nos alarmes !
A nos maux sa pitié prête même des charmes,
Et quand sa douce voix à nos cœurs a parlé,
On aime le malheur.... pour être consolé.
Je bénissais le mien ; oui, malgré ma disgrace,
Je n'aurais pas ici voulu céder ma place :
Entouré de leurs soins, j'oubliais volontiers
Mes soucis, mes chagrins...

FRÉMON.

Même tes créanciers !...
Mettais-tu dans l'oubli ton oncle de Marseille ?

MIRECOUR.

Mais... l'oublier serait lui rendre la pareille ;
Il s'est conduit très-mal envers moi.

FRÉMON.

Toi, très-bien
Envers lui... Comme un père il te voulait du bien ;
Mais quand il vit en toi la plus folle des têtes....

MIRECOUR.

Il veut que je devienne un maître des requêtes ;
J'ai tout fait pour cela, j'ai mes inscriptions.

FRÉMON.

Oui ; mais il a reçu, lui, des instructions :
Tu n'es pas fort !

MIRECOUR.

Pas fort ! ces paroles sont rudes !
Qu'il me trouve un neveu plus fort sur ses études !
Sur celles qu'on exige au moins de notre tems.
Comme un vieux conseiller de nos vieux parlemens
Il voulait m'élever ; ce n'est plus la méthode ;
Le siècle magistral est bien passé de mode.
Le monde n'est plus dupe ; il sait juger de tout ;
Il exige d'abord qu'on soit homme de goût...
Et j'étais *jeune France* !...

FRÉMON.

Ah ! très-bien ! tes grisettes,
Tes études sans but, tes duels et tes dettes....
C'est être *jeune France ?*...

MIRECOUR.

Eh ! mais, sans passion,
C'est là le complément de l'éducation.
D'abord, j'allais au tir pour avoir la main sûre ;
Je m'occupais un peu de la littérature.
J'ai fait des créanciers, je l'avoue ; en effet,
De la prise de corps je suis bien mieux au fait,
C'est tout profit pour moi. Je vais à la Chaumière...
De l'étude il faut bien quelquefois se distraire ;

Mais, pour tout compenser, parmi les rédacteurs
De nos petits journaux, c'est moi qui fais les mœurs;
Pour tous les cours publics on me voit sur les listes;
J'ai prêché quelquefois chez les Saint-Simonistes,
Leur papesse a trouvé mes sermons de bon goût;
Je suis *dilettante*, Rossiniste avant tout;
Chez Pellier, du cheval j'ai fait l'apprentissage;
Je sais sur le piano l'air de *Fleuve du Tage*...
Avec tous ces talens, avec tout leur éclat,
Comme une autre, je puis être au conseil-d'état.
Mon oncle...

FRÉMON.

Il veut te voir mériter sa clémence.

MIRECOUR.

J'ai repris avec lui notre correspondance;
Il ne me répond pas.

FRÉMON.

N'accuse plus son cœur,
Car je viens de sa part pour finir ton malheur.
Ton sort est dans tes mains.

MIRECOUR.

Que faut-il que je fasse?

FRÉMON, *lui présentant une lettre.*

Lis, et vois à quel prix tu peux avoir ta grâce.

MIRECOUR, *lisant.*

Mon cher correspondant,

Mon neveu m'écrit qu'il s'est réfugié chez deux dames de la famille Palmer; cette circonstance tient du roman: moi qui n'en fais pas, je veux finir celui de Mirecour. Je dois à l'oncle de ces dames, le baron Palmer, mon établissement à Marseille; j'ai appris que cet honnête homme était allé mourir pauvre à la Colombie. Il avait une fille, on ignore là-bas ce qu'elle est devenue; mais je retrouve ici des personnes de la même famille, je sais ce qui me reste à faire. Ces deux dames sont veuves,

jeunes, jolies, sensibles ; c'est plus de qualités qu'il n'en faut pour faire une femme : qu'il épouse l'une ou l'autre ( celle qui voudra de lui ), et qu'il m'amène une nièce à Marseille; à vue, je lui compte un million.
(Parlant.)
La somme est ronde.

### FRÉMON.

Eh ! oui, c'est une belle dot !
Je serais amoureux, moi, rien qu'à ce seul mot ;
Mais lis le post-scriptum.

### MIRECOUR, *lisant*.

P. S. Je vous envoie une traite de vingt mille francs pour acheter les bagatelles d'usage ; mariez mon mauvais sujet la corbeille sur la gorge.
(Parlant.)
Merveille sur merveille !

### FRÉMON.

De Paris tout-à-l'heure arrive la corbeille.

### MIRECOUR.

Je suis embarrassé... C'est être expéditif.

### FRÉMON.

Ah je te connais bien ! tu n'étais pas oisif.
Ces dames ont, dis-tu, les grâces en partage?
Tiens, ici l'on respire un air de mariage.
Et ton cœur est facile à créer un penchant.

### MIRECOUR, *entendant chanter*.

Chut ! Rose !

### FRÉMON.

Est-ce une veuve ?

### MIRECOUR.

Eh non ! c'est un enfant ;
Une orpheline aimable autant qu'elle est jolie;
Ces dames en ont soin, elles l'ont recueillie.

### FRÉMON.

Une femme de plus !... Tu ne m'avais pas dit....

### MIRECOUR.

Regarde, pour parure une fleur lui suffit.

## SCÈNE V.

### FRÉMON, MIRECOUR, ROSE.

(Rose arrive en chantant ; elle tient un herbier ; elle s'arrête tout-à-coup en voyant Frémon.)

ROSE, *à Mirecour.*

Ah !.. je vous croyais seul...Mais pardon, je vous quitte.
Je n'avais pas vu....

MIRECOUR, *l'arrêtant.*
   Non.
    (A Frémon.)
    Elle est toute interdite.
 (A Rose, lui présentant Frémon.)
C'est Frémon, cet ami dont je vous ai parlé.

ROSE, *se remettant et souriant.*

Vous venez visiter notre pauvre exilé ?
Monsieur parle de vous, comme on parle d'un frère.
 (Prenant un air d'un sérieux joué.)
Ainsi je puis gronder.

MIRECOUR.
   Vous êtes en colère ?

ROSE, *ouvrant l'herbier.*

Votre herbier... quel désordre !

MIRECOUR, *à Frémon qui paraît étonné.*
     Ici, dans ce château,
J'ai pris des goûts pareils à ceux du grand Rousseau ;
Je fais de la musique, et doucement je cause...
Et s'il faut travailler, j'analyse...

FRÉMON.
     Une rose ?..
Tendre occupation !
 (Montrant Rose.)
   Voilà ton professeur ?

ROSE, *vivement.*

Oui... c'est un écolier qui doit me faire honneur ;
Et deux leçons par jour....

MIRECOUR, *à Frémon qui sourit.*

Quelques mois de pratique...

FRÉMON.

De tout temps il aima beaucoup la botanique.

MIRECOUR, *demi-bas.*

Tu te moques de moi !..

FRÉMON.

Je l'ai vu très-souvent
Acheter des bouquets au boulevart de Gand ;
Il était assidu chez certaine marchande...

MIRECOUR, *bas à Frémon.*

Ah ! par grâce du moins...

FRÉMON, *à Rose.*

Je vous le recommande ;
Tout ce qu'il entreprend a très-bien réussi.

MIRECOUR, *détournant la conversation, à Rose.*

Ces dames viennent-elles ?

ROSE.

Elles seraient ici ;
Mais depuis ce matin toutes deux sont ensemble.

MIRECOUR.

Quel est donc le motif qui sitôt les rassemble ?

ROSE, *avec mystère.*

Le sous-préfet ce soir nous reçoit, et l'on lit
Un chapitre nouveau du roman inédit.
Alors on se prépare...

FRÉMON.

Ah ! c'est une lecture ?

MIRECOUR.

On les aime beaucoup à la sous-préfecture,
Et si je compte bien...

ROSE.

Mais non, depuis juillet
Rien que quatre ; c'est une à chaque sous-préfet.

MIRECOUR, *à Frémon.*

Qu'en dis-tu ?

FRÉMON.

Maintenant un sous-préfet n'est guère
Qu'un commis-voyageur de chaque ministère ;
Mais de ce que j'apprends je suis charmé vraiment.
Nos dames sont auteurs?

MIRECOUR.

Hortense seulement.

FRÉMON.

Alors, elle est sensible?

MIRECOUR, *vivement.*

Oui, c'est un cœur de flamme !
Elle a besoin d'écrire et d'épancher son âme;
L'autre est de son amie un contraste frappant,
Une aimable étourdie, à l'esprit fin, brillant,
Amazone charmante, elle nous fait la guerre;
On devine qu'elle est veuve d'un militaire;
Elle aime le billard, la chasse, le cheval.

FRÉMON.

Très-bien, le positif auprès de l'idéal.
Avec ces goûts divers, sont-elles bien unies ?

MIRECOUR.

Elles ?... Ah ! ce sont bien les meilleures amies !
Oui, jamais on ne vit deux femmes mieux s'aimer !
Comme moi, j'en suis sûr, cela va te charmer :
D'égards, d'attentions c'est un échange aimable,
Des petits soins charmans... Ah ! tu vas les voir.

FRÉMON.

Diable !
Mais ce sont des Phénix que ces deux veuves-là !

MIRECOUR, *se retournant vers le cabinet de droite.*

J'entends...

FRÉMON.

Bon ! si c'étaient ces dames ?...

ROSE, *qui arrangeait ses cartons, redescendant la scène.*

Les voilà.

## SCÈNE VI.

### FRÉMON, MIRECOUR, ROSE, AMÉLIE, HORTENSE.

AMÉLIE, *entrant en scène, à Hortense.*
(Elles ont le dos tourné aux autres acteurs, d'abord.)

C'est assez travailler. Allons, venez, ma chère.
Vous vous rendrez malade, et l'on doit se distraire.
(Elles aperçoivent Frémon avec Mirecour, et elles font un mouvement.)

HORTENSE, *à Mirecour.*

Quel est monsieur?

MIRECOUR.

Frémon.
(Les deux dames et Frémon se saluent.)
                      Me sera-t-il permis
De présenter chez vous le meilleur des amis?
J'ai tout lieu d'espérer que, loin d'être importune,
Sa présence...

AMÉLIE, *vivement.*

           Est pour nous une bonne fortune!
Sous des rapports flatteurs, monsieur nous est connu;
Ils vous est cher enfin, qu'il soit le bien venu.

FRÉMON.

Ah! madame!...

HORTENSE, *à Frémon.*

              Sans doute ici votre présence
A monsieur Mirecour apporte l'espérance;
C'est un double motif...

AMÉLIE.

             En amis traitons-nous.
Vous restez; vous allez déjeûner avec nous.

HORTENSE, *sur le signe d'assentiment de Frémon.*
(A Rose.)

Faites tout apprêter.

                      (Rose sort.)

## SCÈNE VII.

Les Précédens, *excepté* ROSE.

AMÉLIE, *à Frémon.*

Donnez-nous des nouvelles
De notre capitale. Eh bien! quelles sont-elles?
Les modes?

HORTENSE.

Les romans?

AMÉLIE.

L'Opéra?

FRÉMON.

Tout va bien!
Notre Opéra français devient italien;
Il prospère; on lui donne une nouvelle forme;
Gluck et Mozart sont bons, mais vieux; on les réforme.

HORTENSE, *vivement.*

Les auteurs vont à l'âme! On doit blâmer très-fort.

FRÉMON.

Ils ne sont pas du jour, ainsi votre âme... à tort.

HORTENSE.

Les romans?... Walter Scott?...

FRÉMON.

Il passe un peu de mode;
On suit pour les romans toute une autre méthode :
L'horrible, le grotesque aujourd'hui font fureur.

HORTENSE.

Oui, le scalpel devient la plume d'un auteur.
On dissèque le cœur pour lui trouver du charme;
Et puis on vous égaie avec un ex-gendarme.

MIRECOUR, *vivement.*

Qu'y faire?... Le public aime le ténébreux;
Il lui faut des horreurs...

FRÉMON.

Notre siècle est nerveux!

AMÉLIE.

Mon amie, à bon droit, peut être difficile ;
Car dans un autre genre elle se montre habile.
A tous les autres dons Hortense réunit
Ceux plus rares encor des talens, de l'esprit ;
Des Cotin, des Souza, c'est la plus digne émule.

FRÉMON, à *Hortense.*

Avez-vous imprimé ?

HORTENSE.

Non, je m'en fais scrupule.
Amélie indulgente a consulté son cœur
Et je crois qu'en amie elle juge l'auteur.

AMÉLIE, *avec chaleur.*

Je suis ici l'écho de la sous-préfecture !
Avez-vous oublié la dernière lecture ?

HORTENSE, *avec une modestie d'auteur.*

Il est vrai qu'elle fit un effet....

AMÉLIE, *vivement.*

Entraînant !
Comme votre héros peint bien le sentiment !
Chacun était ému, touché de ces alarmes,
Le procureur du roi même y versa des larmes !

FRÉMON.

Ah ! c'est pour le succès d'un heureux pronostic.
Comment donc ! attendrir l'accusateur public !

MIRECOUR, *à Frémon.*

Tu vois qu'ici l'on mène une agréable vie.

HORTENSE.

Puis la douce amitié, qui toutes deux nous lie,
Nous fait goûter encor dans notre intérieur
Des plaisirs bien parfaits... les doux plaisirs du cœur.

FRÉMON.

De ce tableau charmant la peinture m'enchante,
On ne peut trop louer cette union touchante ;
Vous désunir vraiment serait presqu'un forfait.

##### AMÉLIE.
Qui, nous ? nous désunir !
##### HORTENSE.
Qui donc le tenterait ?
Depuis plus de trois ans que nous sommes ensemble,
Nous avons à bénir le sort qui nous rassemble.
Le malheur nous a fait veuves en même temps :
Tout nous mit en rapport, fortune, sentimens,
Famille, et désormais un tel nœud nous engage....
##### FRÉMON.
Mais il est d'autres nœuds, et ceux du mariage...
##### AMÉLIE.
Vous vous trompez, Monsieur, croyez qu'à l'amitié
L'hymen par toutes deux serait sacrifié.
##### FRÉMON, *avec une intention marquée.*
J'en suis fâché....
##### HORTENSE.
Vraiment ?
##### AMÉLIE.
Pourquoi donc ce sourire ?
##### FRÉMON.
Tenez, en ce moment, je ne puis vous le dire.
##### HORTENSE.
Du mystère ?...
##### AMÉLIE.
Un secret ?..
##### FRÉMON, *regardant Mirecour.*
Oui, qui n'est pas le mien.
##### AMÉLIE.
Il concerne ?...
##### FRÉMON, *de même.*
Quelqu'un que vous connaissez bien.
##### HORTENSE, *à part, après avoir jeté un coup-d'œil sur Mirecour.*
Je devine.
##### AMÉLIE, *même jeu.*
J'espère.

(Haut.)

Après ce temps d'absence,
Vous avez à parler peut-être en confidence;
Au revoir.

HORTENSE.

Au revoir.

(Elles saluent de l'air le plus gracieux, et se prennent par le bras en sortant.)

## SCÈNE VIII.

FRÉMON, MIRECOUR.

FRÉMON.

Il faut te déclarer.

MIRECOUR.

Elles ne voudront pas, mon cher, se séparer,
Car leur promesse est là.

FRÉMON.

Dis cela pour quelqu'autre.
En promesse, une veuve est femme plus qu'un autre.

MIRECOUR.

Mais il faut plaire, au moins.

FRÉMON.

Tu plairas, je le vois.
Tu n'as ici vraiment que l'embarras du choix;
Mais il faut te presser.

MIRECOUR.

Tiens, je balance entre elles :
Toutes les deux m'ont plu, toutes les deux sont belles,
Mon cœur également charmé de leurs attraits,
Les aime toutes deux... à peu de chose près.

FRÉMON.

A peu de chose près!... la réponse est charmante!

MIRECOUR.

Ah! ma position est fort embarrassante.
Je ne me plais qu'ici, je les vois tour-à-tour,
Et pour l'une... ou pour l'autre, enfin j'ai de l'amour...

Oui, je suis amoureux... Mais de qui ? je l'ignore.
Dans mon âme aujourd'hui je ne lis pas encore.
Et lorsque, tout-à-coup, il faut brusquer l'hymen....
FRÉMON.
Voyons, je vais t'aider dans ton grave examen:
Je te connais enclin à l'esprit de conquête...
N'as-tu pas essayé dans quelque tête-à-tête ?...
MIRECOUR.
Oui, mettant à profit plusieurs occasions,
J'ai souvent effleuré des déclarations ;
Mais allais-je parler à la vive Amélie ?...
Mon souvenir m'offrait sa langoureuse amie.
Lorsque l'aimable Hortense excitait mon amour....
Je pensais à l'autre.... oui, c'est ainsi, tour-à-tour,
Qu'au moment de parler, de déclarer ma flamme...
Un je ne sais quel doute..... arrivait à mon âme,
Et l'aveu qu'à demi je laissais échapper....
Je ne l'achevais pas... de peur de me tromper.
FRÉMON, *riant*.
Très-bien ! sur ton amour je vois ce qu'il faut croire.
C'est ce qu'on peut nommer un amour provisoire....
Qui cherche son niveau.
MIRECOUR.
   Comment faire un aveu ?
Mon cœur balance....
FRÉMON.
   Ah ça ! point de juste milieu,
Système usé, mon cher, qui n'a pas fait merveille ;
Il faut te prononcer, j'apporte ta corbeille,
A qui l'offriras-tu ?
MIRECOUR.
   C'est là l'embarrassant.
FRÉMON.
Mais il faut en finir, ton oncle est très-pressant,
Je prendrai sans choisir, moi, si je me marie ;
Tiens, le bon lot est rare en cette loterie,

Et le hasard lui seul fait un heureux mari.
Improvisons un choix.

MIREGOUR.

Je dois prendre un parti,
Je le sais; mais je veux les qualités de l'âme.
Tiens.... la meilleure amie ici sera ma femme ;
Mais il faudra m'aider.

FRÉMON, *qui aperçoit Hélène.*

Trève aux réflexions.

## SCÈNE IX.

LES PRÉCÉDENS, HÉLÈNE.

HÉLÈNE.

L'déjeûner !

FRÉMON.

Viens chercher des inspirations.
(A Hélène, lui prenant le menton.)
Bonjour, toi.

## SCÈNE X.

HÉLÈNE, *seule.*

Bonjour, toi ! c'est ne se gêner guère.
C'mosieu Frémon, il a la main ben familière !
Eh ben ! on ne peut pas se fâcher contre lui.
Il est impartinent ; mais c'est un réjoui...
Ce qui plaît ou déplaît dans tout, c'est pas la chose,
C'est la façon... Ah ! ah ! déjà, mamzelle Rose !

## SCÈNE XI.

HÉLÈNE, ROSE, *qui s'avance lentement.*

HÉLÈNE, *continuant.*

Al' a l'air d'avoir eu du chagrin, du tourment.
Al' n'est pas trop heureuse ici, la pauvre enfant !

(A Rose, allant au-devant d'elle.)
Eh ben, donc!... qu'avez-vous ?
ROSE.
Ah ! c'est toi, bonne Hélène ?
Je n'ai rien.
HÉLÈNE.
Oh ! que si.
ROSE.
Va, ce n'est pas la peine,
C'est une bagatelle, et de pareils aveux...
HÉLÈNE.
Si vous me le cachez... tenez, je vous en veux!
Pourquoi donc être ici, quand on doit vous attendre ?
ROSE.
Non. On m'a renvoyée, et l'on m'a fait entendre
Que mon couvert est mis dans ma chambre.
HÉLÈNE.
Comment ?
Toute seule ?
ROSE.
Oui, seule.
HÉLÈNE.
Oh ! qu'c'est humiliant !
Ça dût vous fair' d' la pein' ?
ROSE.
Tu n'en as pas d'idée.
J'en ai versé des pleurs !... Être ainsi renvoyée !
Quel mal faisais-je donc en étant avec eux ?
Ah ! depuis quelque temps mon sort est moins heureux.
HÉLÈNE.
C'est ben vrai que pour vous leur conduite est changée.
On n'vous épargne pas!
ROSE.
J'en dois être affligée ;
Elles n'ont plus pour moi les mêmes sentimens.
(Après un temps, poussant un soupir.)
On me traite bien mal depuis que j'ai seize ans !

HÉLÈNE.

Oh! c'est que vos seize ans, peut-êtr', ça les tourmente.

ROSE.

Mais pourquoi ?...

HÉLÈNE.

Vous l'saurez quand vous en aurez trente.
C'est égal, c'est très-mal cette sévérité ;
On devrait respecter en vous la parenté ;
Car enfin, après tout, vous êtes leur cousine.

ROSE.

Je dois tout à leurs soins, je suis une orpheline.
Quand mon père mourut...

HÉLÈNE, *vivement.*

Oh ! mamzel' , c'est fort bien !
Mais faut rien fair' à d'mi lorsque l'on fait du bien.
S'il fallait me citer, moi : voyez l'petit Pierre,
Je l'ons nourri d' mon lait lorsqu'il perdit sa mère.
Jacquot ici, par là p'tit Pierre ; il devient grand,
Je partageons not' pain entr'eux deux égal'ment.
Faut-il les corriger ? Toujours juste balance ;
Un' taloche à chacun... jamais de préférence !
V'là comme on se conduit... Et ces dames ont tort.
Par exemple, pourquoi ne pas vouloir, d'abord,
Qu'on sache votre nom ? n'êtes-vous pas la fille
De votre père enfin ?... qu'était de la famille.
Hum !... Tenez, j'ons promis de garder le secret,
Mais ça ne tiendra pas long-temps.

ROSE.

Il se pourrait !
Ne va rien dire, au moins, ma bonne, je t'en prie.

HÉLÈNE.

Est-c' qu'on vous en voudrait parc' que vous êt' jolie?
Ça n'est pas votre faute... Ah ! j'y vois clair chaq'jour !
Tenez, on est jalous's, on craint qu' monsieur Mircour,
S'il vient à vous connaît' peut-êt' ben ne vous aime.

ROSE.

Mais il m'aime beaucoup, il me l'a dit lui-même.

HÉLÈNE.

Oh! je m'entendons ben! y vous aim', c'est pas ça.
On craint qu'y ne devien' vot' amoureux... Voilà.

ROSE, *interdite*.

Pourrait-il oublier quelle est ma destinée!
Qu'orpheline, le sort, hélas! m'a condamnée...

HÉLÈNE.

Pour l'amour qu'est-qu' ça fait?

ROSE.

Il faut m'en préserver;
Il n'est qu'un sentiment que je doive éprouver,
L'amitié, c'est le seul que je puisse connaître.

HÉLÈNE, *examinant Rose avec attention*.

Si l'amour n'est pas v'nu, j'le crois ben près de naître!

## SCÈNE XII.

LES PRÉCÉDENS, AMÉLIE, FRÉMON.

(Ces deux derniers entrent en scène en causant.)

AMÉLIE, *à Rose, sévèrement*.

Je vous croyais chez vous.

ROSE, *à Hélène*.

Comment me traite-t-on?

AMÉLIE.

Sortez.

FRÉMON, *à part, pendant qu'Amélie suit des yeux Rose et Hélène*.

De Mirecour suivons bien la leçon.
Il va faire un essai près de la tendre Hortense,
Faisons ici le nôtre.

## SCÈNE XIII.

FRÉMON, AMÉLIE.

AMÉLIE.

Eh bien!... La confidence
Sur votre ami ?

FRÉMON.

Sur lui ne me déguisez rien ;
Voyons, qu'en pensez-vous ?

AMÉLIE.

Qui, moi ?... beaucoup de bien.
Outre ses qualités, c'est un jeune homme aimable,
De bon ton, de bon goût, et d'un nom honorable.

FRÉMON.

Son oncle lui promet une position...

AMÉLIE.

Oui, vous me l'avez dit.

FRÉMON.

Mais à condition.
Il sait qu'en certains lieux, de la paix doux asiles,
Sont deux femmes, toujours à l'amitié dociles ;
Et, pour quelques raisons qu'on pourrait expliquer,
Notre oncle, en ce lieu-là, veut presser, veut brusquer
Un hymen.

AMÉLIE.

Ah! monsieur, c'est aller un peu vite...
Mirecour aime-t-il ?

FRÉMON.

Oui, son âme est séduite.
(Avec intention.)
Mais il craint, car il voit qu'*à la tendre amitié*
*L'hymen par toutes deux serait sacrifié.*
A-t-il tort ?

AMÉLIE.

C'est suivant.

FRÉMON.
Quoi ! peut-il se promettre,
AMÉLIE.
Il ne faut pas toujours prendre tout à la lettre.
Par exemple, d'Hortense il toucherait le cœur ?
Irais-je réclamer notre amitié de sœur?
Et si l'amour un jour entraînait mon amie,
Irais-je, pour le nœud qui toutes deux nous lie,
Réclamer sa promesse ?... Oh! ce serait cruel!
FRÉMON.
Alors vous me tirez d'un embarras.
AMÉLIE.
Lequel ?
FRÉMON.
On peut compter sur vous, sur votre bienveillance :
Soyez son avocat.
AMÉLIE, *étonnée.*
Auprès de qui ?
FRÉMON.
D'Hortense.
AMÉLIE.
Comment ! Que dites-vous ?
FRÉMON.
Je dis qu'il est certain
Qu'il serait enchanté d'être votre cousin.
AMÉLIE.
Mon cousin !
FRÉMON.
Votre amie a su toucher son âme.
AMÉLIE, *à part.*
Qu'entends-je ?
FRÉMON.
Mirecour veut l'obtenir pour femme.
C'était vers vous, d'abord, qu'il tournait tous ses vœux.
AMÉLIE.
Vers moi ?...

FRÉMON.
Mais au moment de parler de ses feux
Vous avez tant vanté cette excellente amie,
Qu'il a cru deviner votre secrète envie ;
Et pensant satisfaire à vos vœux les plus doux,
Il croit vous obéir s'il devient son époux.

AMÉLIE.
Ainsi donc, cet amour ?..

FRÉMON.
Vous l'avez fait éclore.

AMÉLIE, *cachant son dépit.*
Enchantée !

FRÉMON, *à part.*
On le voit ; mais rien n'est fait encore...
Renoncer à l'hymen, vous avez tort vraiment....
Sur Hortense, tenez, parlez-moi franchement,
Mirecour met en vous sa confiance entière,
Pour lui, ce mariage est une grande affaire ;
Votre amie a, je crois, des droits à ses penchans,
Mais....

AMÉLIE.
Hortense mérite un sort des plus brillans,
Et sur elle on ne peut rien trouver à redire.

FRÉMON.
Moi, je craindrais un peu sa passion d'écrire.

AMÉLIE.
Pourquoi donc ?.. on estime une femme écrivain ;
Si j'étais homme, moi, j'y serais fort enclin.
Puis chez elle, entre nous, c'est pure fantaisie.
C'est bien innocemment qu'Hortense a du génie ;
Cela ne porte tort à personne, après tout ;
On la blâme, parfois, mais puisque c'est son goût....

FRÉMON, *souriant.*
Le procureur du roi, qu'en ces lieux on renomme,
Avait versé des pleurs, pourtant.

AMÉLIE.
Oui, le digne homme !

En style de roman, Hortense a rédigé
Un procès important tout récemment jugé;
Le procureur du roi, qui s'y couvrit de gloire,
Trouvait dans ce roman... tout son réquisitoire :
Il pleurait de tendresse.... Oh! ce fut très-touchant.
    (Avec hypocrisie.)
Hortense eut un succès !

FRÉMON.
    Succès !.. de sentiment?

AMÉLIE.
Oh! pour le sentiment, à le peindre elle excelle!
Mais aussi la nature est toujours son modèle.

FRÉMON.
La nature?

AMÉLIE.
    Eh! mais oui.

FRÉMON.
    Nous sommes entre nous,
Parlez-moi sans détours : par-là qu'entendez-vous?

AMÉLIE.
Ah! cette question....

FRÉMON.
    Il faut que je m'éclaire

AMÉLIE.
Écoutez : on la croit et coquette et légère ;
Erreur. C'est un calcul pour former son talent.
Auprès d'elle quelqu'un fait-il du sentiment?
Elle écoute, sourit, on la croirait docile ;
Point du tout, dans son art elle se rend habile ;
Ainsi du cœur humain elle apprend les secrets,
Et chaque soupirant marque un nouveau progrès.

FRÉMON.
Dans son art ?

AMÉLIE.
    Dans son art.

FRÉMON.

Agréable habitude !
Elle a donc des amans ?

AMÉLIE.

Oui... comme objet d'étude,
Voilà tout.

FRÉMON.

Voilà tout?... Ah! ça, mais dites-moi,
Mon ami pourrait bien alors.....

AMÉLIE, *comme entraînée par une pensée.*

Ah ! j'entrevoi...
Maintenant je m'explique une énigme, un mystère ;
Je vois que Mirecour, en effet, sait lui plaire.

FRÉMON.

Ah! vous croyez qu'Hortense aime Mirecour ?

AMÉLIE, *avec un soupir étouffé.*

Oui.
(Elle va vers un petit meuble et y prend un médaillon.)
Tenez, ce médaillon ne peut être qu'à lui.

FRÉMON.

Ah !

AMÉLIE, *demi-sourire.*

Ce sont les cheveux de la personne aimée ;
Elle est sentimentale, et quand elle est charmée...
Vous savez, c'est l'usage....

FRÉMON.

Oui, d'amour c'est le don.
(Il ouvre le médaillon.)
Mais ces cheveux sont bruns !

AMÉLIE, *feignant la surprise.*

Et Mirecour est blond !
Etourdie !... Ah ! vraiment... j'étais préoccupée,
J'ai cru.... pourquoi faut-il que je me sois trompée :
Ce n'est pas celui-ci.... quelqu'autre médaillon....

(Elle va vers le meuble, Frémon la retient.)

FRÉMON.

Mais, votre amie, alors en fait collection?

AMÉLIE.

Ah! vous êtes méchant!... mais au moins du mystère,
Car le hasard tout seul....

FRÉMON.

Oui, je saurai me taire.

AMÉLIE.

Mirecour....

FRÉMON.

Mirecour doit retourner à vous,
Que ceci vous décide... il tombe à vos genoux;
Il vous aimait d'abord... Mais lui-même s'avance;
Restez.

AMÉLIE.

Non. Je vous laisse, et joins ma bonne Hortense.
(Elle sort précipitamment.)

## SCÈNE XIV.

FRÉMON, *seul, regardant le médaillon.*

Elle ne reprend pas ce charmant souvenir...
Amélie est adroite, il en faut convenir.
Ah! je le savais bien... Une femme jolie
A des compagnes, soit; mais jamais une amie.
J'aime assez pour ma part cette malignité;
L'épigramme m'attire et j'étais enchanté.
De cette attraction j'éprouvais la puissance,
Et... j'allais presque faire abus de confiance;
Le choix une fois fait de ce cher Mirecour,
Je reviendrai peut-être en ces lieux faire un tour.
(Regardant de nouveau le médaillon.)
Ceci n'avance pas cependant notre affaire,
Et...
(Apercevant Mirecour qui doit s'avancer par le jardin lentement et faisant de temps en temps une pause comme quelqu'un qui réfléchit.)
Le voilà!

## SCÈNE XV.

#### FRÉMON, MIRECOUR.

MIRECOUR, *à part, apercevant Frémon et s'arrêtant tout-à-coup.*

C'est lui !

FRÉMON, *même jeu.*

Comme il a l'air sévère ! Il est désappointé.

MIRECOUR, *à part.*

Il n'a pas l'air content.... Je crains d'interroger.

FRÉMON, *à part.*

Il faut parler pourtant.

(Haut à Mirecour, croisant les bras.)

Eh bien ?

MIRECOUR, *de même.*

Eh bien ?

FRÉMON.

As-tu quelque bonne nouvelle ?

MIRECOUR.

Ah ! je crois qu'il n'est point de Pilade femelle.

FRÉMON.

Hortense aurait ?...

MIRECOUR.

J'en suis plus que contrarié ; Je viens d'être témoin de sa fausse amitié.

(Montrant un petit paquet de lettres.)

Voilà des billets doux surpris à son amie.

FRÉMON, *montrant un médaillon.*

Joins-y ce médaillon, livré par Amélie... C'est troc pour troc.

(Il prend les billets que lui donne Mirecour.)

MIRECOUR.

Eh quoi ! sur deux ?

FRÉMON, *montrant les deux objets.*

Mon cher, voilà !

Ma scène, de la tienne, est le duplicata.
Tu n'en voulais rien croire...Hein!..connais-je les dames?
Je suis Pyrrhonien sur l'amitié des femmes.
Eh bien! que vas-tu faire ?

MIRECOUR.

Après ce beau succès,
Je suis plus indécis à présent que jamais.
Dans ma femme tu sais tout ce que je souhaite ;
Ces dames...

FRÉMON.

Il te faut une femme parfaite!
Ah! si tu veux, mon cher, faire tant de façon,
Tu risques, entre nous, d'être long-temps garçon !

MIRECOUR.

Qu'importe!

FRÉMON.

Un million est la dot de ta femme.
Un million! Ce mot doit résonner dans l'ame.
J'ai lu mon Azaïs : dans son livre fameux
Les grands biens, les grands maux se balancent entr'eux;
A côté des chagrins est le plaisir lui-même.
Des compensations, ô consolant système !
Mon ami trouve ici ton application...
Car, s'il prend une femme... il gagne un million ;
A bien meilleur marché d'autres font la folie.

MIRECOUR.

Je pars...

FRÉMON, *le retenant*,

C'est le chemin de Sainte-Pélagie.

MIRECOUR.

Ici c'est le chemin, oui, j'en suis convaincu,
Si j'allais épouser, d'être...

FRÉMON.

D'être ?...

MIRECOUR.

Vois-tu,

Tu me fais trop parler... Oui, je m'en vais.
(En ce moment on voit les dames passer dans le jardin, précédées de Dubois et d'Hélène qui portent une corbeille.)

FRÉMON, *regardant vers le jardin.*

Prends garde!
Elles viennent ici.

MIRECOUR.

Toutes les deux ?

FRÉMON.

Regarde,
N'est-ce pas là Dubois ?

MIRECOUR.

Ton valet ?

FRÉMON.

Oui, vraiment!
Ta corbeille, il l'apporte.

MIRECOUR.

Oh! c'est le bon moment;
Va, je le donne au diable et de toute mon âme!

FRÉMON.

Viens.
(Il entraîne Mirecour dans un cabinet.)

## SCÈNE XVI.

AMÉLIE, HORTENSE, HÉLÈNE ET DUBOIS
*portant la corbeille.*

HÉLÈNE, *regardant Dubois.*

Y dit q'c'est un présent pour l'une ou l'autre dame;
Mais faudrait ben savoir pour qui c'est cet envoi.

AMÉLIE, *à part.*

D'après tout ce qu'il sait, c'est pour moi.

HORTENSE, *à part.*

C'est pour moi.

AMÉLIE, *à Dubois.*

Mettez-là la corbeille, on vous fera connaître
L'instant où vous pourrez parler à votre maître.
(Dubois dépose la corbeille et sort reconduit jusqu'à la porte par Hélène qui lui montre le chemin et revient.)

AMÉLIE.
*(Elle tourne autour de la corbeille et l'examine.)*
Ce sultan est superbe !

HORTENSE, *même jeu.*
Il vient de chez Teissier ;
C'est d'un goût !... d'un fini !...

AMÉLIE.
Quel habile ouvrier !
On reconnaît le faire et la main d'un artiste.

HORTENSE, *s'éloignant de la corbeille, et prenant un air affligé.*
Hélas ! cette corbeille....

AMÉLIE, *même jeu.*
Eh bien ?

HORTENSE.
Elle m'attriste.

AMÉLIE, *à part.*
Allons, elle prévoit qu'il faut nous séparer.

HORTENSE, *haut.*
Peut-être que bientôt...
*(A part.)*
Comment lui déclarer ?...
*(Haut).*
Ah ! ma chère ! malgré l'amitié la plus forte,
Il est un sentiment qui dans nos cœurs l'emporte.

AMÉLIE, *soupirant.*
Ah !

HORTENSE.
L'on croit pour toujours renoncer à l'hymen...

AMÉLIE.
On fait mille sermens sans aucun examen...

HORTENSE.
On veut lutter souvent contre sa destinée...

AMÉLIE.
Mais il arrive un jour qu'on se trouve entraînée....

HORTENSE, *se rapprochant d'Amélie.*
Que votre cœur est bon !

AMÉLIE, *même jeu.*
Et le vôtre indulgent!
HORTENSE.
Le mien vous a compris.
AMÉLIE.
Et le mien vous entend.
(Elles se jettent dans les bras l'une de l'autre, et après un temps.)
Que nos lettres, du moins, rapprochent la distance,
Vous m'écrirez souvent, n'est-ce pas, chère Hortense ?
HORTENSE.
Sans doute.
(Elle prend Amélie à l'écart pour n'être point entendue d'Hélène.)
Vous saurez tous mes petits secrets.
AMÉLIE, *même ton confidentiel.*
Je vous dirai les miens aussi ; je le promets.
Et tenez.... je vous veux demander une grace.
HORTENSE.
Une grace ! ordonnez. Que faut-il que je fasse ?
Vous savez combien j'aime à prévenir vos vœux.
AMÉLIE.
Eh bien ! donc, si le ciel bénissait de tels nœuds...
HORTENSE.
Mais on peut l'espérer... quand on entre en famille...
AMÉLIE.
Il se pourrait qu'un fils...
HORTENSE.
J'aime mieux une fille.
HÉLÈNE, *qui écoute furtivement.*
Si j' nourrissions encor, ça me regarderait.
AMÉLIE.
Ah ! pour combler mes vœux, alors...
HORTENSE, *vivement.*
Je suis au fait.
C'est mon plus cher désir, et j'y souscris sans peine.
AMÉLIE, *de même.*
Vous me le promettez... vous serez la marraine.

HORTENSE, *étonnée.*

Vous prenez un époux ?

AMÉLIE.

Ne vous l'ai-je pas dit?

HORTENSE.

Pas un mot!

AMÉLIE, *montrant la corbeille.*

Mais d'ailleurs, la corbeille suffit...

HORTENSE, *souriant avec amour-propre.*

Vous la croyez pour vous ?

AMÉLIE.

Pour qui donc, je vous prie ?

HORTENSE.

Êtes-vous seule ici ?

AMÉLIE.

Comment!... Ma chère amie,
Je crains par-dessus tout d'affliger votre cœur;
Pourtant je ne dois pas vous laisser dans l'erreur.

HORTENSE, *piquée.*

Dans l'erreur ! Mais c'est vous qui m'affligez, ma chère;
Vous avez ce qu'il faut pour captiver, pour plaire ;
Cette fois, cependant...

AMÉLIE, *de même.*

Vous avez des attraits,
Des graces, de l'esprit, beaucoup de talent... Mais...

HORTENSE.

Mais ?...

AMÉLIE, *changeant de ton, et montrant la corbeille.*

A quoi servirait qu'on vous l'offrît, ma bonne?
N'aimez-vous pas ailleurs ?

HORTENSE, *surprise.*

Moi ! Qui donc le soupçonne ?

AMÉLIE, *appuyant.*

On ne soupçonne pas, on fait mieux : on le sait.

HORTENSE.

(Tout le reste de la scène doit être dit avec une chaleur progressive qui va jusqu'à la colère.)

Et vous ?... Ignore-t-on quel est votre secret ?
Si d'écrire souvent rend une plume habile,
Vous devez, entre nous, bien former votre style.
Vos billets...

AMÉLIE.

Mes billets ! Ah ! je n'ai pas l'honneur,
Madame, comme vous, d'être une femme auteur.

HORTENSE.

Mais vous traitez fort bien le style épistolaire.

AMÉLIE.

Vous aimez mieux parler, vous, n'est-ce pas, ma chère ?

HORTENSE.

Parler !... à qui ?... comment ?...

AMÉLIE.

Et cet aimable anglais,
Aux yeux noirs ?... Avec lui faites-vous des progrès ?
Professeur fort habile et digne de louanges !
Vous traduisez tous deux, je crois, *l'Amour des Anges.*
Il vous dit *love you*....

HORTENSE.

Bien !

AMÉLIE.

La main sur le cœur.

HORTENSE, *outrée.*

Avez-vous oublié, vous, le cher percepteur ?
Profite-t-il toujours du moment favorable
Pour glisser des billets à sa contribuable ?
Je me tais. Entre nous, si je voulais parler...

AMÉLIE.

Parlez... Oh ! sur mon compte on peut tout révéler.
Moi je n'affecte pas du moins la pruderie.
Pour vous, c'est la couleur que vous avez choisie.

HORTENSE.

La couleur !

AMÉLIE.

La couleur ! c'est comme vous voudrez,
Je ne tiens pas au mot.

HORTENSE.

Madame, vous m'outrez ;
Mais s'il fallait choisir entre la pruderie,
Ou ce goût dominant, cette orgueilleuse envie
De vouloir sur moi seule attirer tous les yeux,
J'aimerais mieux alors...

AMÉLIE.

Qu'aimeriez-vous donc mieux ?
Aujourd'hui votre ton est d'une aigreur extrême.

HORTENSE.

Nous différons; chez vous, c'est tous les jours de même.

AMÉLIE.

Tous les jours !

HORTENSE.

Tous les jours ! enfin c'est trop souffrir,
Et je veux m'y soustraire.

AMÉLIE.

Et moi j'en veux finir.
Je vous laisse.

HORTENSE.

C'est moi qui quitte la partie,
Madame !... Adieu.

AMÉLIE.

C'est bien !... Ayez donc une amie !
(Toutes deux sortent, outrées.)

## SCÈNE XVII.

HÉLÈNE, *et un peu après* ROSE.

HÉLÈNE.

Ma fin', c'est naturel. C'est, sans comparaison,
Comm' dans le poulailler qu'est au coin d'la maison;
Les poules vive' en paix et tranquill' dans leux cage,
Boutez-leux-y un coq... alors c'est un tapage !...

ROSE.

Quel est ce bruit ?... J'ai cru qu'on se disputait.

HÉLÈNE.

Rien.
Ces dames qui causaient.

ROSE, *souriant.*

Un petit entretien
Comme j'en ai vu tant. Pourquoi cette querelle ?

HÉLÈNE.

Oh! m'amzelle y n' sagit que d'une bagatelle...
Un mari !

ROSE.

Que dis-tu ?

HÉLÈNE, *découvrant la corbeille et la montrant à Rose.*

Regardez.

ROSE.

J'ai compris.

(Avec inquiétude.)
Qui se marie ici ?

HÉLÈNE.

Ce mossieu de Paris.

ROSE, *avec gaîté.*

Ah! c'est monsieur Frémon!... La corbeille est jolie !
Mais, est-ce pour Hortense, ou bien pour Amélie ?

HÉLÈNE.

V'la ben tout justement. C'est indécis tout ça.

ROSE.

Indécis !

HÉLÈNE.

Mais avant la noce y s'expliqu'ra.

ROSE.

C'est assez singulier.

HÉLÈNE.

Oh ! plus qu'on ne peut dire.

(Fouillant dans la corbeille.)
Voyons donc là dedans, ça pourra nous instruire.

ROSE.

Si ces dames venaient !

HÉLÈNE.

Oh ! ben oui ! n'craignez rien :
On se boude. Venez.

( Elle fait approcher Rose et lui essaie diverses parures. )

Essayons. Ça va bien !

C'est vous que je voudrions voir chez monsieur le maire;
Au lieur d'une corbeille, il en faudrait la paire.
Si Mosieu Mirecour ?.. hein! quel présent flatteur ?

ROSE.

En ces lieux élevée en enfant du malheur,
Eh! qui voudrait songer à la pauvre orpheline.

(Un peu avant les derniers vers, Frémon et Mirecour doivent s'être montrés hors du cabinet, prenant des précautions pour n'être pas vus.)

HÉLÈNE.

S'y savait tant seul'ment q' v'ous êtes la cousine
De ces dames... puis d' plus la fille du baron....

MIRECOUR, *transporté, bas à Frémon.*

La fille de Palmer!

FRÉMON, *bas, montrant Rose.*

Voilà ton million.

HÉLÈNE.

Un' nourric' de l'amour connait ben la finesse...
J'ons le compas dans l'œil pour juger la tendresse...
Au moment d' la leçon, il n'vous dit rien d' flatteur ?

ROSE.

Nous causons : il voudrait que je fusse sa sœur :
C'est là son seul désir.

HÉLÈNE.

C'est ça, c'est un' manière !
Quand Jacq' m' f'sait la cour, je le voulions pour frère !

ROSE, *faisant semblant de ne pas entendre, et courant à la glace.*

Ce collier va fort bien !

HÉLÈNE.

Oh! ça fait un effet !
Tenez, voyez encore.

(Elle présente un bracelet à médaillon.)

ROSE.

Ah! c'est un bracelet !

(Elle regarde le médaillon et s'écrie.)

Ciel !

HÉLÈNE.

Qu'avez-vous ?

ROSE, *montrant le portrait du médaillon.*

C'est lui ! lui !

HÉLÈNE.

Qui donc ? je vous prie ?

ROSE.

Tiens, voilà son portrait ! c'est lui qui se marie !

MIRECOUR, *à Frémon qui le retient.*

Elle pleure... grand Dieu ! je cours...

FRÉMON, *l'empêchant de se montrer.*

Non ; un moment.

ROSE, *à Hélène.*

Toi qui me promettais !... je souffre....

HÉLÈNE.

Pauvre enfant !

ROSE.

Cache-moi par pitié... que ma peine est extrême !

HÉLÈNE.

Vous l'aimez donc ?

ROSE.

Eh ! oui, ma bonne, oui, je l'aime !
Je l'aime, je le sens. Ah ! jusqu'à ce moment
Je voulais étouffer un pareil sentiment.
Je croyais n'éprouver qu'une amitié sincère ;
Il me nommait sa sœur... je l'appelais mon frère.
Il va se marier !... quelle était mon erreur !
Je sens combien je l'aime aux tourmens de mon cœur.
D'un transport inconnu... j'éprouve la torture ;
Hélène, arrache-moi ces fleurs !.. cette parure,
Ah ! ce portrait surtout.

## SCÈNE XVIII.

LES PRÉCÉDENS, FRÉMON, MIRECOUR, *échappant à Frémon.*

MIRECOUR.

Non, non ; il est à vous !

ROSE, *poussant un cri.*

O ciel !

MIRECOUR.

Recevez-le de la main d'un époux.

ROSE ; *elle se laisse aller dans un fauteuil.*

D'un époux !

MIRECOUR.

Cher Frémon, le trouble l'a saisie,
Viens, viens la secourir.

FRÉMON.

Ne crains rien pour sa vie.

HÉLÈNE.

Oh! c'est pas dangereux cette fois.

ROSE.

Mirecour !
Vous ne me trompez pas !... j'en mourrais !

MIRECOUR.

Mon amour
Ne vous est-il pas dû? Rose ! Oh! oui, je t'adore!

FRÉMON.

Et ce choix de ton cœur n'a rien qui ne l'honore,
Monsieur Palmer était votre père?

ROSE.

Oui, Monsieur.

FRÉMON.

Tu peux donc accorder tes devoirs et ton cœur.

HÉLÈNE, *qui avait remonté la scène pour faire le guet, arrive en courant.*

Ces dames !...

ROSE, *à Mirecour, qui est presque à ses genoux.*

Ah ! grand Dieu ! relevez-vous, de grâce.

FRÉMON.

Non, reste.

MIRECOUR.

Cependant.

FRÉMON, *passant entre les deux amans, et clouant Mirecour aux genoux de Rose.*

Ne bouge pas de place ;
C'est cela !... longuement il faudrait s'expliquer,
En vous voyant ainsi je pourrai tout brusquer ;
L'attitude dit tout, point de préliminaire,
Et c'est un moyen prompt pour brusquer cette affaire.

HÉLÈNE.

On se querelle encor.

FRÉMON, *à Mirecour.*

Pour vous, heureux mortel !
Le sexe heureusement n'admet pas le duel.

## SCÈNE XIX ET DERNIÈRE.

LES PRÉCÉDENS, AMÉLIE, HORTENSE.
(On les entend du jardin d'abord.)

HORTENSE.

Il faut nous séparer, oui, j'y suis résolue.

AMÉLIE.

Eh bien ! n'en parlons plus, la chose est convenue.
(Les deux dames s'avancent.)

HORTENSE.

Que vois-je !

AMÉLIE, *à Mirecour.*

Quoi ! Monsieur, près de Rose, à genoux ?

FRÉMON, *très-froidement.*

C'est tout simple.

AMÉLIE.

Comment ?

FRÉMON, *froidement.*

Il devient son époux.

AMÉLIE ET HORTENSE.

Son époux !

FRÉMON.

Son époux.

AMÉLIE.

Cela n'est pas croyable.

HORTENSE.

Vous raillez.

FRÉMON.

Point du tout ; la chose est véritable.

HORTENSE, *à Mirecour*.

Qui ! vous ? épouser Rose ?

MIRECOUR, *vivement*.

Oui, oui, Rose Palmer !

AMÉLIE.

Ah ! vous savez....

MIRECOUR, *présentant une lettre aux dames*.

Ceci vous paraîtra plus clair.
Oui, lisez. Le mystère aisément se pénètre.

FRÉMON.

L'oncle de Mirecour écrivit cette lettre.

AMÉLIE, *lisant rapidement, et donnant ensuite la lettre à Hortense*.

Je comprends.... mais il faut notre consentement.

FRÉMON.

Vous allez le donner.

AMÉLIE.

Non.

HORTENSE.

Non.

FRÉMON.

Si fait.

HORTENSE.

Comment ?

FRÉMON, *à Hortense, d'un ton confidentiel*.

S'il n'épouse pas Rose, il épouse Amélie.

HORTENSE, *bas à Frémon*.

Que dites-vous ?

FRÉMON.

Je dis qu'il en fait la folie ;
Par dépit, vous avez excité son courroux.

HORTENSE.

Comment?

FRÉMON, *lui remettant le médaillon que lui a donné Amélie.*

Ce médaillon.... Tenez, il est à vous.

(Hortense prend le médaillon, et s'assied confondue.)

MIRECOUR, *à Rose.*

Espérons.

FRÉMON, *à Amélie, même jeu.*

A nos vœux vous souscrivez, je pense.

AMÉLIE.

Monsieur, n'y comptez pas.

FRÉMON.

Alors il prend Hortense
Pour épouse.

AMÉLIE.

Comment?

FRÉMON.

Il connaît vos secrets.

AMÉLIE.

Le mot de cette énigme?...

FRÉMON, *lui remettant un paquet de lettres.*

Il est dans ces billets.

(Allant aux deux amans.)

Tout va bien!

MIRECOUR.

Quel bonheur!

AMÉLIE.

(Elle a jeté un coup-d'œil sur les billets; un autre sur Hortense; et puis, après un temps, elle prend son parti, et dit, avec le ton amical des premières scènes :)

Consentons-nous, ma chère?

HORTENSE, *allant avec empressement à son amie.*

Ma bonne, je ferai ce que vous voudrez faire.

FRÉMON.

Quels égards!

AMÉLIE.

Là-dessus je m'en rapporte à vous.

Décidez.

HORTENSE.

Je consens.

MIRECOUR.

Mesdames, il m'est doux
De tenir de vos mains une épouse que j'aime.

AMÉLIE.

Et puissiez-vous, Monsieur, l'aimer toujours de même.
Quand nous te refusions, ma chère enfant, c'était
Pour toi, pour ton bonheur et dans ton intérêt ;
Ah ! tu ne connais pas encor le mariage !

HORTENSE.

Moi, je ne conçois pas comment quelqu'un s'engage.

FRÉMON.

C'est tout simple, chacun compose son bonheur
Suivant ses goûts ; pour eux, l'amour remplit leur cœur.
Hélène, un nourrisson, voilà sa seule envie ;
Mais vous, vous consacrant au doux nœud qui vous lie,
Vous voulez repousser tout autre sentiment.

AMÉLIE, *prenant vivement la main d'Hortense.*

L'amitié nous suffit.

FRÉMON, *à part.*

Jusqu'au premier amant.

FIN.

www.ingramcontent.com/pod-product-compliance
Lightning Source LLC
Chambersburg PA
CBHW070700050426
42451CB00008B/440